RÉPONSE
AUX LETTRES
SUR
LE CARACTERE ET LES OUVRAGES
DE
J. J. ROUSSEAU.

BAGATELLE que vingt Libraires ont refusé de faire imprimer.

CLITANDRE, *en parlant d'Armande.*

Non les femmes docteurs ne font point de mon goût ;
Je confens qu'une femme ait des clartés de tout ,
Mais je ne lui veux point la paffion choquante
De fe rendre favante , afin d'être favante.

MOLIERE, Femmes favantes , acte Ier., fcene III.

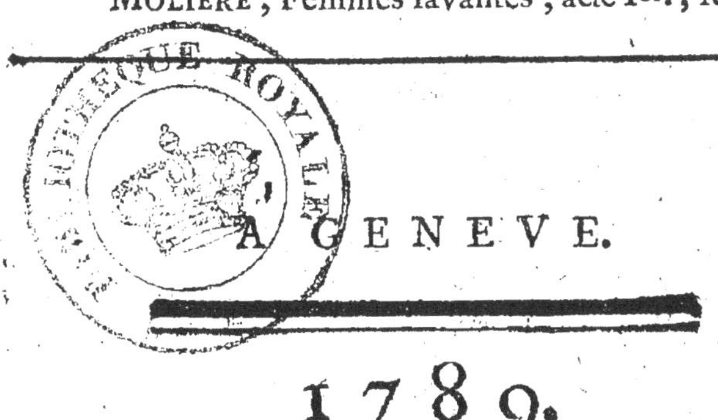

A GENEVE.

1789.

AVERTISSEMENT.

*J*E *ne connois point d'éloge de Rouf-*
feau (1). Tel eft le prétexte de quelques
lettres qui viennent d'échapper à la pru-
dence ordinaire d'une femme favante. On

---

(1) Qu'entend-on aujourd'hui par faire l'éloge
d'un homme célebre ? Etaler fes vertus, diffimu-
ler fes vices, célébrer les talens qu'il pofféda ,
gliffer fur ceux qui lui manquerent , rappeller
fes fuccès , excufer fes chûtes , amplifier les belles
actions de fa vie , en fouftraire les taches , en
un mot, facrifier la vérité à l'éloquence. Depuis
la compagnie qui , au nombre de quarante , a le
privilege de l'efprit , jufqu'au plus mince tripot
littéraire ; depuis la chaire où tonna Boffuet , celle
où brilla Fléchier , jufqu'à celles où glapiffent
nos fermoneurs provinciaux , s'eft introduit le
plat ufage de louer indiftinctement le grand
homme qui a rempli le monde de fon nom , &
l'homme puiffant qui étoit oublié avant fa mort ;
la feule chofe qui diftingue le faifeur d'oraifons
funebres du flatteur académique , c'eft que le premier ment par zele , & l'autre par devoir.

A 2

lit, dans sa préface, qu'elle auroit desiré qu'un autre se chargeât de l'exposé de ses sentimens ; mais sans doute elle s'est bientôt apperçue que l'entreprise seroit périlleuse pour un écrivain délicat, & elle n'a voulu sacrifier à ses principes que sa gloire. Sa jeunesse l'a rassurée sur ses forces, & s'imaginant que le temps pouvoit affoiblir quelque chose en elle, elle a prétendu jouir de l'illusion qu'elle se faisoit. Elle a déclaré, d'une maniere remarquable, qu'*elle ne pouvoit consentir à s'attendre*, & elle a agité sa plume avec le courage & la confiance de la pédanterie. L'analyse des œuvres de Rousseau, faite par de telles impulsions, devoit causer cette espece d'étonnement, qui ressemble aujourd'hui à l'admiration. Aussi a-t-elle eu un succès presque général. L'auteur, en franchissant les bornes morales d'un sexe dont l'homme d'esprit n'attend que des sensations, a paru un génie à la multitude ; on a pris le défaut de mesure pour de l'imagination, l'obscurité

pour de la profondeur, & jufqu'aux termes
impropres pour des hardieffes de ftyle.
Pour moi, qu'une vie cynique met à l'abri
de ces aveuglemens populaires, & que
l'oifiveté livre tout entier à la réflexion,
j'ai lu attentivement ces fameufes lettres :
le croira-t-on ? j'ai eu l'audace de les trouver ridicules, & la fimplicité de les croire
dangereufes ; j'ai vu le mauvais goût employer toutes les diffonances de fon jargon, pour louer le modele du langage
fimple & fublime, & s'égarer jufques dans
l'hommage qu'il lui rend. Alternativement
contrarié & révolté, je n'ai pu retenir toutes
les répliques de mon imagination, & j'ai
oublié que l'auteur étoit une femme, avec
auffi peu d'égard qu'elle l'avoit oublié elle-
même. J'ai donc tranfcrit tout ce qui eft
arrivé naturellement fous ma plume. J'a-
voue que ce qui peut choquer cette divi-
nité & le fanatifme qu'elle infpire ne m'a
pas arrêté un feul moment, & ce font tous
ces blafphêmes qu'on va lire. Je réponds à

chaque lettre fuivant l'ordre de fa naif-
fance, & ne fais point de paffe-droit à l'erreur la plus légere. En fait de févérité,
celle de la critique me paroît d'autant plus
permife qu'elle eft prefque toujours inutile. Elle bleffe d'abord, jufqu'au vif,
l'amour-propre de l'écrivain, & inter-
rompt le cours de fes glorieux travaux ;
mais bientôt les confolations de la fottife
empoifonnent en lui un remede fi falu-
taire, & lui rendent pour jamais fa perfide activité. C'eft donc fans prétendre
étouffer au berceau quelques ouvrages,
que je réfute aujourd'hui celui-ci ; ce n'eft
pas même pour lui enlever les admirateurs
qui lui conviennent, c'eft fimplement pour
me faire juftice à moi feul du dégoût que
j'ai éprouvé : j'efpere que ma franchife me
met à l'abri de cette indulgence humiliante
que follicite fans ceffe celui qui ne peut
s'en paffer, & je m'accommoderai toujours
de cette haine générale qui a fait jufqu'ici
ma tranquillité.

RÉPONSE

AUX LETTRES

SUR

LE CARACTERE ET LES OUVRAGES

DE

J. J. ROUSSEAU.

PREMIERE LETTRE.

CETTE premiere lettre eſt bien digne de les préſider toutes, par le pathos & les contradictions qui la compoſent ; elle donne d'avance la meſure du jugement qui va régner dans la diſſertation. On y trouve d'abord que *Rouſſeau n'a écrit qu'à l'âge de quarante ans, que parce qu'il falloit que ſon cœur & ſon eſprit fuſſent calmés, pour qu'il pût ſe conſacrer au travail,* & plus bas, *qu'il ſentoit trop pour penſer, & qu'il ne ſavoit pas vivre & réfléchir à la fois.* Comment

A 4

l'efprit peut-il fe calmer dans un homme qui ne penfe ni ne réfléchit ? Cela ne doit paroître poffible qu'à l'écrivain qui penfe & réfléchit fans efprit. Et puis n'eft-il pas fingulier qu'on nous préfente Rouffeau ayant fait fa route de quarante ans fans la plus petite provifion d'idées & de réflexions ! Rouffeau ! le plus fenfible de tous les obfervateurs, que tout avoit frappé, que tout avoit ému, qui crut jouir encore en écrivant, & qui ne devint célebre qu'en devenant infortuné ! Pour achever le ridicule de ce premier apperçu d'un grand homme, on compare fon début littéraire, *au débrouillement du cahos & à la création du monde ;* c'eft-à-dire, on met en parallelle, Dieu, après des fiecles d'ennui, bâtiffant l'univers, avec les lenteurs de l'oifiveté; & Rouffeau, après quarante ans de bonheur, traçant fon premier difcours avec l'infpiration du génie. Enfuite on répete, fur ce même difcours, tous les lieux communs de nos derniers philofophes. *Que l'opinion qu'il a foutenue eft paradoxale, qu'il n'aimoit que la nature & haïffoit les ouvrages des hommes, qu'il vouloit les ramener à l'âge d'or, &c.;* mais pour lui faire un nouveau reproche, on prétend qu'il n'a pas fu difcerner les arts des fciences, & on nous apprend qu'ils différent entiérement entr'eux. C'eſt une vérité un peu connue ; mais du moins c'en eſt une , & l'auteur répete peut - être la vérité pour n'en pas perdre l'habitude. Il dit après que Rouſſeau a eu tort de regarder *le progrès des ſciences comme une cauſe de la décadence des empires , tandis qu'il n'étoit qu'un événement contemporain.* Je répondrois à cette ſavante critique , ſi je ſavois ce que ſignifie *un événement contemporain.* Le temps ne pouvant mettre nul rapport entre deux choſes inanimées , cela me paroît inintelligible. Mais un tort qu'on lui trouve encore , & que Rouſſeau n'a pas avoué dans ſes confeſſions , c'eſt celui de n'avoir pas diſtingué *la félicité des hommes de la proſpérité des empires.* Je crois cela auſſi faux qu'injurieux à ſa mémoire. Rouſſeau ſéparoit ſi bien ces deux intérêts , qu'il ne voyoit que le malheur des hommes dans la proſpérité des empires. Enfin , tout en louant ſa profonde éloquence , on convient *qu'avant de décider cette grande queſtion , il devoit balancer les inconvéniens & les avantages des deux partis , que le bien & le mal ſe trouvent par-tout , qu'il n'appartient pas à l'éloquence de concilier des opinions ,* & pluſieurs ſentences de cette force ; mais après avoir ſi bien démontré les inconvéniens du génie, il falloit nous offrir un modele de raison & de talens, sur lequel la docile postérité pût se former, & la docte fille d'un docte ministre, n'y a pas manqué. *Je ne connois*, dit-elle, *qu'un homme qui ait su joindre la chaleur à la modération, ce* qui doit faire une composition un peu froide; *qui ait soutenu avec éloquence des opinions également éloignées de tous les extrémes*, ce qui ne regarde sûrement pas la vérité qui n'a point d'extrêmes; *& qui ait su faire éprouver, pour la raison, la passion qu'on n'avoit jusqu'alors inspiré que pour les systémes*, ce qui fait dégénérer la science en culte, & les sages en fanatiques. Cet homme donc, si supérieur à Rousseau, n'a sûrement existé que parmi les génies de l'antiquité. Alors la discrétion de sa prosélyte, m'embarrasse & m'étonne. Quel motif lui fait cacher un si grand nom? Est-ce honte de son érudition? Est-ce ménagement pour notre ignorance? Je m'y perds & j'abandonne le fil des recherches.

Le discours sur l'origine de l'égalité des conditions, est traité moins sévérement, mais ne gagne pas plus à être loué. On y étale cette admiration commune qui confond tout dans ce qui la subjugue. Est-il vrai, par exemple, que *c'est dans ce discours que Rousseau a mis le plus d'idées ?* Il n'a cherché qu'à y combattre les nôtres. Et puis met-on des idées dans un ouvrage? On y met du style ; les idées sont arrivées avant qu'on les transcrive. Est-ce aussi *un grand effort du génie, de descendre aux simples combinaisons de l'instinct naturel ?* Le génie ne fait jamais d'effort ; il suit sans peine les caprices innombrables de la pensée ; il réleve tout ce qu'on ravale , & simplifie tout ce qu'on exalte. On répete encore ici tous les vieux dictons de la philosophie : *Que Rousseau regrettoit la vie sauvage ; qu'il avoit son genre de misanthropie ; que ce n'étoit pas les hommes, mais leurs institutions qu'il haïssoit.* Et on termine encore ce rabachage par un petit reproche, *celui de n'avoir pas regardé comme un don du ciel l'ardeur de connoître & de savoir.* Que les esprits religieux sont injustes ! Non-seulement ils prétendent que vous vous soumettiez aux singeries de leur culte , mais encore que vous ne fassiez de grandes choses que d'après leur croyance. Après le ciel, on fait parler la nature. *Elle refuse,* dit - on, *aux grands hommes les qualités qui rendent heureux.* Il étoit difficile de faire une réflexion plus déplacée , quoique généralement assez juste. Quel mortel a jamais possédé plus que Rousseau les qualités qui peuvent rendre heureux ? La patience , le

goût de la folitude & le mépris de la fortune ne
l'ont jamais abandonné : il avoit donc toutes les
facultés du bonheur ; mais les hommes pou-
voient - ils laisser fans perfécutions un homme
dont la vertu les perfécutoit fans ceffe ? Il eut
autant d'ennemis que les vices ont de défenfeurs;
tant qu'ils voulurent étouffer les fruits de fon
génie , ils trouverent par-tout une gloire invincible ; mais bientôt ils s'acharnerent fur fon exiftence ; ils flétrirent dans l'opinion publique les
actions innocentes d'une vie tranquille : l'écrivain éloquent avoit réfifté ; l'homme fenfible
fuccomba.

Après ces faux pas de la critique, on trouve
des louanges emphatiques du ftyle de Rouffeau,
qui font eftimables quant à l'intention , mais
dont la forme eft d'un ridicule remarquable.
Voici quelques modeles dans ce genre : *La perfection du ftyle femble confifter plus encore dans
l'abfence des défauts que dans l'exiftence des grandes
beautés, dans la mefure que dans l'abandon , dans
ce qu'on eft toujours que dans ce qu'on fe montre
quelquefois, &c.* Racine ! premier & dernier modele de la perfection du langage , ta renommée
eft anéantie par ce profond jugement. On avoit
admiré dans toi jufqu'ici l'emploi le plus hardi
des mots familiers de notre langue , des beautés

d'harmonie qui donnent la vie à tout ce qu'elles expriment, l'abandon le plus vrai dans les paſſions que tu fais combattre. Eh bien ! Racine, il faudra que nous te ſéparions de tout cela, pour te trouver encore parfait. Autre exemple : *Rouſſeau eſt tantôt au-deſſous & tantôt au-deſſus de la perfection ; il raſſemble toute ſa chaleur dans un centre, & réunit pour brûler tous les rayons qui n'euſſent fait qu'éclairer s'ils étoient reſtés épars.* Voilà bien ce qu'on appelloit du galimathias, avant que Thomas ne donnât ſon nom à la déclamation obſcure, & cette phraſe auroit ſûrement obtenu un prix dans ſon école. Mais voici un petit écart d'éloquence que je ne crois pas qu'il eût riſqué, & qui a pourtant échappé à ſon écoliere. *Ah ! dit-elle, ſi l'homme n'a jamais qu'une certaine meſure de force, j'aime mieux celui qui les emploie toutes à la fois ; qu'il s'épuiſe s'il le faut, qu'il me laiſſe retomber, pourvu qu'il m'ait élevé une fois juſqu'aux cieux.* Sans doute cette image eſt pleine de force & de vérité, & le ſexe de l'auteur ne pouvoit pas percer plus naïvement ; mais je doute que celle qui l'emploie ait la conſcience de l'effet qu'elle produit. La cauſe de l'expreſſion un peu libre dont elle enveloppe ſon idée, n'eſt-elle pas plutôt dans la profondeur de ſon innocence que dans la chaleur de ſon imagination ?

Je le crois avec joïe ; & quoique ce qu'on dit soit plus difficile à justifier que ce qu'on veut dire, l'ignorance de l'écrivain sauve clairement ici sa délicatesse. Mais il est moins excusable, pour le françois barbare qu'on rencontre plus bas. Pour dire que Rousseau dans ses écrits avoit toujours le mot propre, il dit *qu'il avoit une grande propriété de termes*, ce qui veut dire littéralement que presque toute la langue françoise lui appartenoit ; il dit aussi que *Rousseau a eu tort de se servir souvent d'expressions de mauvais goût*. Il devroit citer ces expressions de mauvais goût ; il verroit que ce sont des termes simples, quoiqu'un peu bizarres, que Rousseau emploie sans affectation, & qui ajoutent plus à l'énergie du style, qu'ils ne blessent l'oreille du lecteur ; d'ailleurs en relisant les morceaux où sont placées ces prétendues expressions de mauvais goût, à peine les distingue-t-on ; c'est toujours ou la passion qui les entraîne, ou la vérité qui les amene ; elles ne sont donc point déplacées ; elles ne sont donc point de mauvais goût. L'analyse de ce discours finit, selon l'usage académique, par un parallele aussi injuste que mal-adroit ; car il montre Buffon supérieur à Rousseau. Le voici en peu de mots : *Buffon colore son style par son imagination, Rousseau l'anime par son caractere ;*

l'un choisit ses expressions, elles échappent à l'autre. L'éloquence de Buffon ne peut appartenir qu'à un homme de génie; la passion pourroit élever à celle de Rousseau. Cette comparaison me paroît fausse dans toutes ses assertions. D'abord Buffon use dans son style de tous les artifices du grand écrivain, par conséquent son coloris tient au travail & non à l'imagination ; ensuite ce n'est point le caractere de Rousseau qui anime son éloquence ; la simplicité de l'un contraste avec l'élévation de l'autre, & n'est que le garant de la vertu qu'elle enseigne. Buffon choisit ses expressions, mais celles de Rousseau ne lui échappent pas ; elles naissent tranquillement sous sa plume, & tirent toutes leurs forces de leur enchaînement. L'étude & la raison peuvent sans génie faire marcher un écrivain sur les traces de Buffon, mais la passion seule ne peut que l'égarer sur celle de Rousseau. Enfin, il y a aussi peu de rapport entr'eux, qu'entre l'homme de l'art & l'homme de la nature.

Dans le morceau suivant, la lettre de Rousseau contre l'établissement des spectacles à Geneve subit l'éloge le plus complet. On lui pardonne même d'avoir dit que dans une république, une grande liberté entre les hommes & les femmes seroit très - dangereuse ; mais on assure en même-temps que dans une monarchie, *les suf-frages des femmes font d'une grande importance.* Pour bien fentir cette grande importance, il faut être une femme profonde ou un homme mé-diocre, ce qui eft à peu près la même chofe, & mon orgueil fufpend ici mon intelligence. On affure encore que dans notre gouvernement, *les femmes confervent plus de fentimens d'indépendance & de fierté que les hommes, & que la forme des gouver-nemens ne les atteint pas.* Je vois bien dans leur légéreté le fecret de leur indépendance ; mais je ne devine point celui de leur fierté, & je par-tage de bon cœur l'impuiffance du gouvernement qui ne peut les atteindre. Cependant Rouffeau qui a l'audace d'écarter les femmes des affaires publiques, comment obtient-il fa grace d'un fexe fi puiffant ? Nous l'apprenons ici par ce peu de mots : *il a cru à l'amour ;* mais on ne dit pas tout : on ne dit pas que non - feulement il croyoit à l'amour des femmes, mais qu'il croyoit fouvent à leur conftance, quelquefois même à leur vertu ; & qu'à travers les vifs reproches qu'il leur adreffe, on entrevoit l'homme fenfible prêt à fe laiffer fubjuguer. Voilà ce dont elles font grand cas, & ce qu'elles eftiment le plus dans fes écrits. Aujourd'hui que la galanterie eft fi douce, qu'on fauve toujours fon cœur dans l'éternel tumulte

des

des fens, les femmes font fort heureufes de pou-
voir citer un écrivain du fiecle qui attefte leur
empire. Cette lettre fur les fpectacles n'eft cependant pas approuvée fans reftriction ; on y condamne l'anathême fuivant au nom de tout le
beau fexe : *Les femmes*, dit Rouffeau dans une
note de ce difcours, *ne font jamais capables des
ouvrages qu'il faut écrire avec de l'ame ou de la paffion.* Celle que ce jugemeut fcandalife croit plutôt à leur incapacité, touchant les écrits purement
littéraires ; on ne peut s'exécuter plus noblement.
Mais ne pourroit - on pas lui répondre que l'un
n'empêche pas l'autre ? Je crois même appercevoir la caufe premiere de cette grande vérité
qui a frappé Rouffeau. Il eft impoffible qu'un
être quelconque, atteint de la fievre imaginaire
de l'amour, puiffe dans les accès de fon mal
compofer des folies dignes de la poftérité ; mais
quand l'illufion eft anéantie, quand la raifon qui
calme tout vient rendre au talent toutes fes facultés, l'homme quelquefois réfléchit fur la paffion qui l'a égaré, & peut alors conferver le
langage de ce qu'il a fenti ; mais une femme paffionnée ne recouvre pas fi aifément fa tranquillité. Elle voyage fans ceffe d'illufion en illufion,
& quand la derniere eft détruite, fon exiftence
eft épuifée ; elle a même fini d'être femme : com-

B

ment conferveroit-elle ce ftyle brûlant qu'on peut appeller le langage des fenfations ? Sapho n'a écrit ces vers amoureux qui nous font parvenus, que parce qu'elle étoit laide & méprifée de celui qu'elle aimoit ; qu'elle vécut dans les defirs qui infpirent fans enivrer ; qu'elle n'eut point les diftractions du bonheur ; que fa paffion fut, pour ainfi dire, toujours en haleine, & qu'elle n'eut que des plaintes à exprimer. Cette exception de Rouffeau ne prouve donc rien, même dans l'efprit de celle que je réfute ; car elle ajoute, en parlant de Sapho, que *quand les femmes rougiroient d'employer fon langage brûlant, figne d'un délire infenfé, plutôt que d'une paffion profonde, elles fauroient du moins exprimer ce qu'elles éprouvent, cet abandon fublime, cette mélancolique douleur*, &c. Cette phrafe femble menacer le lecteur de quelque livre nouveau d'un genre très-agréable, & dans ce cas la crainte me commande le filence. Il y a tel mauvais principe qu'il ne faut pas fronder, de peur de le voir mettre en pratique ; & je me hâte de paffer à la feconde lettre.

SECONDE LETTRE.

Cette lettre eſt entiérement conſacrée à la nouvelle Héloïſe. L'apologie de ce roman immortel devoit paroître ſuſpecte dans la bouche d'une femme; auſſi à travers l'enthouſiaſme qu'on veut étaler dans celle-ci, on voit percer des critiques qui tiennent au ſexe, des reproches qui échappent à l'amour - propre, & cette rigueur verbale, ſeul reſte aujourd'hui de l'honneur féminin. Je ne m'attacherai point à relever les expreſſions vicieuſes ou précieuſes de cette lettre (la précédente à cet égard m'a donné aſſez de mal). Je me contenterai de prouver que cet enfant du cœur de Rouſſeau a été méconnu, tant par ce que l'erreur a loué en lui, que par ce que l'injuſtice y a blâmé.

Pour ſe tromper ſur les amours de Saint-Preux & d'Héloïſe, il falloit ſe tromper ſur l'amour même, & en cela ſeul l'apologiſte eſt conſéquente. J'ai remarqué que toutes les fois qu'on a voulu raiſonner ſur l'amour on a déraiſonné complétement. Les uns en calculant ſes dangers, en ont fait un vice; les autres en lui prêtant une morale en ont fait une vertu, & tous ont prouvé

qu'ils n'avoient jamais reffenti ce dont ils par-
loient. Mais dans cette lettre, l'erreur eft à fon
comble. On affigne à l'amour des vertus par-
ticulieres, comme la bienfaifance , l'humanité,
la douceur & la bonté , & on croit l'épurer en
raprochant fon culte de celui de la religion :
quelle froide conception ! Comment ne fent-on
pas que l'amour met en un inftant l'homme qu'il
égare à la merci de tous les vices & à la portée
de toutes les vertus ? que d'un caprice il fait un
héros, & d'un autre caprice un monftre ? L'amant
heureux eft humain, l'amant jaloux eft féroce ,
l'amant timide eft patient , l'amant adroit eft
perfide : quelquefois tous ces fentimens oppofés
fe fuccedent en un moment dans le cœur de
l'homme paffionné , & fon véritable caractere
eft de n'en conferver aucun. Si on donne à l'a-
mour, des principes, de la mefure, des bornes
enfin , ce n'eft plus l'amour , ce n'eft plus qu'un
de ces penchans froids & manierés, que l'ennui
fait naître fouvent dans la tête d'un fot , & qu'il
couronne dans les bras d'une bégueule. Mais
des réflexions plus étendues fur l'amour feroient
aujourd'hui fort déplacées , & je ne m'en fuis
permis quelques-unes que parce qu'elles tiennent
à mon opinion fur l'Héloïfe , & qu'elles vont me

fervir de bafe pour la défendre des cenfures ridicules & des louanges humiliantes.

On croit d'abord *qu'il eſt dangereux d'intéreſſer à Julie, & que c'eſt répandre du charme fur le crime.* Voilà donc Julie criminelle, & par conféquent digne du dernier fupplice ! Jufqu'ici on ne l'accufoit que d'un inſtant de foibleſſe, dont elle ne fe rend coupable que pour fe montrer après le modele des femmes. Il fembloit même qu'en délivrant fon fexe des préjugés de la virginité, elle l'agrandiſſoit aux yeux du nôtre ; mais la pédanterie fe met au-deſſus de toutes les nuances, & par conféquent les confond toutes. Car fi la femme qui fuccombe paroît criminelle, que paroîtra celle qui fe livre ? Cela eſt embarraſſant ; d'ailleurs a-t-on le droit parmi nous d'être ſi févere, & une foibleſſe ne paroît-elle un crime que dans un roman ? En ce cas celle de Julie méritoit peut-être de faire exception, fans que l'exemple de fa vie entiere pût tirer à conféquence. On voudroit auſſi que Rouſſeau *n'eût peint Julie coupable que par la paſſion de fon cœur.* Mais alors elle n'eût pas même été coupable, car on peut déguifer fon cœur, mais non le maîtrifer ; elle eût feulement été moins vraie, moins touchante, moins enchantereſſe. Que je plains le cenfeur glacé qui voudroit priver la poſtérité des tranſports qu'il ne peut éprouver en ſortant, avec Saint-Preux, du boſquet de Clarens! On jouit à cette lecture d'une émotion qui confond l'ame avec les ſens, & donne un éclair de bonheur à l'être le plus infortuné. Mais je devine le tableau qu'on préféreroit à celui-ci. Celui d'une jeune fille, concentrant dans ſon cœur les feux horribles d'une véritable paſſion, reculant d'horreur à l'aſpect de l'amour heureux, & ſe faiſant religieuſe pour ſervir de modele aux femmes tendres. Voilà ce qui s'appelleroit un roman honnête, & je ſuis ſurpris que celle qui trouve Julie ſi criminelle n'ait pas mis ce ſujet en action, pour faire tomber la nouvelle Héloïſe.

Après cette premiere cenſure, on nous étale un principe d'une morale bien profonde. C'eſt que *l'indulgence eſt la ſeule vertu qu'il ſoit dangereux de prêcher, quoiqu'elle ſoit utile à pratiquer.* Il me ſemble que l'indulgence n'eſt maintenant ni dangereuſe d'une façon, ni utile de l'autre, car les femmes qui en ont le plus beſoin ſont celles qui ſavent le mieux s'en paſſer ; d'ailleurs Julie ne la prêche pas, elle la commande : comment ne pas excuſer une faute qui amene tant de vertus ? Ah ! ſa défaite eſt une ſuite ſi rapide & ſi naturelle du ſentiment qui la pénetre, qu'on lui pardonneroit peut-être moins d'avoir ſu ſe vaincre. On voudroit nous perfuader auffi que *Rouffeau croyoit lui-même fon ouvrage dangereux, qu'il croyoit n'avoir écrit en lettres de feu que les amours de Julie, & qu'il craignoit que l'image du bonheur tranquille de Madame de Volmar ne parût fans couleur auprès de ces tableaux brûlans.* Rouffeau étoit fi loin de toutes ces craintes, qu'on voit dans fa préface qu'il n'a fondé la moralité de fon livre que fur les deux dernieres parties ; qu'il prie le lecteur fcandalifé par les premieres, de pourfuivre avec courage jufqu'à la fin , & qu'il le défie alors de lui refufer fon eftime. Pourquoi lui ôter un des plus beaux atributs de fon génie, cette noble affurance de l'écrivain vertueux ? C'eft cela que je trouve coupable, & il n'y a pas d'éloges emphatiques qui puiffent replâtrer cet outrage. Défions-nous donc des demi-admirateurs. Le poignard & l'encenfoir font fouvent dans la même main.

Enfuite on bénit Rouffeau *pour avoir refpecté l'amour conjugal*, & on avance que dans l'Hé-loïfe il a voulu prouver *qu'il eft fait pour nous rendre heureux.* D'abord Rouffeau donne Julie pour modele, mais non pour exemple. Il l'avoit trop élevée pour qu'il prétendît mettre à notre ufage les grandes qualités qu'elle déploie. En-fuite il n'a point voulu prouver que le mariage fût fait pour le bonheur , car il a voulu prouver le contraire dans la fuite d'Emile, où, après avoir uni Emile & Sophie , il traverfe un fi beau nœud par tous les revers qu'amene la fociété. Il regardoit donc le mariage plutôt comme un mal néceffaire que comme un bien réel , & il fe feroit un peu méfié de nos triftes époux, qui fe vantent par-tout d'un bonheur auquel fouvent ils font condamnés. Car, à quoi ne met-on pas de la vanité ? On veut paffer pour être heureux, afin qu'on vous croye digne de l'être. On ne réfléchit jamais que le vrai bonheur eft fans renommée, & que le moindre bruit le fait évanouir.

Delà on convient que la retraite de Madame de Volmar , eft un tableau enchanteur de la vie champêtre. On admire *le bonheur qu'elle fait goûter à fon époux ; l'éducation qu'elle deftine à fes enfans, l'exemple qu'elle donne à tout ce qui l'entoure, fur-tout les confolations qu'elle trouve en fa confiance en fon dieu ;* &, en faveur de ce dernier prodige, on veut bien accorder à Rouffeau d'avoir fait un roman moral. Cependant on revient encore fur le *crime de Julie* , & on ajoute que *fa vertu pure, perd fon charme en reffemblant au repentir.* Quelle froide abfurdité ! N'eft-il pas attendriffant, au contraire, de voir Julie parvenue à l'eftime de fon amant, conferver fon repentir, au milieu des heureux qu'elle fait, comme la derniere trace, & le frein éternel de fon amour. Cette humilité de fentimens, qui tient même à la morale chrétienne, & qui n'en eft pas moins touchante, ne devroit-elle pas défarmer la rigueur d'une femme pieufe ? Mais que feroit la dévotion fans cette fainte rigueur ? & puis pour faire un peu de cas de fa fageffe, il faut bien tonner fans ceffe fur les foibleffes humaines.

On admire beaucoup les deux fameufes lettres fur le fuicide, mais on décide que celle qui le défend eft bien fupérieure à celle qui le condamne; &, à travers toutes les raifons qu'on en donne, on prétend que *Rouffeau fe fentoit né pour être malheureux, & qu'il craignoit de s'ôter fa derniere reffource en fe perfuadant lui-même.* Tout cela me paroît encore faux & injurieux à fa mémoire. Depuis quand la réponfe d'Édouard Boomfton n'eft-elle pas foudroyante pour l'homme foible qui n'a que la mort à oppofer au malheur ? L'éloquence de Saint-Preux eft celle du défefpoir, celle d'Édouard eft celle du courage. Pour qui Rouffeau pouvoit-il pencher dans ce fublime plaidoyer ? étoit-ce pour le défefpoir, lui qui toute fa vie oppofa la patience à l'infortune & l'oubli à l'outrage ? *fe fentoit-il né pour être malheureux*, lui qui méprifoit fes ennemis, qui ne répondit jamais à leurs calomnies, & qui étoit fi pénétré de fes vertus qu'il finit par plaindre les hommes qui le haïffoient ? Il fe croyoit donc digne d'un meilleur fort, non par orgueil, mais par cette eftime naïve que l'honnête homme a pour lui-même. Pouvoit-il enfin regarder le fuicide *comme fa derniere reffource*, lui pour qui la plante la plus fimple étoit une confolation, qui pleuroit de joie au lever du foleil, & qui mettoit tant de prix à tout ce que les hommes dédaignent ?

Viennent après des critiques fur le ftyle de Julie, qui font dignes d'une pédante du marais. On trouve que *la modeftie & la convenance d'une femme, même coupable, lui manquent dans plufieurs lettres*, comme fi la paffion étoit fubordonnée à la convenance & à la modeftie. C'eft à une femme galante à conferver, fi elle peut, dans fon défordre, l'expreffion de la modeftie ; mais Julie doit mettre dans fon ftyle tout le feu de fon cœur, & fi elle montroit plus de retenue, elle paroîtroit fauffe, ce qui eft peut-être aujourd'hui le fynonyme de modefte, tant ce genre a été perfectionné. C'eft une grande imprudence que de juger à froid un roman tel que l'Héloïfe ; on ne fe tranfporte jamais où la ſcene s'eſt paſſée ; on ne ſuppoſe jamais en ſoi les tranſports des deux amans ; alors on n'eſt que ce qu'on peut être, c'eſt-à-dire un froid diſſertateur ; on rougit d'écouter ſon cœur, & on ne rougit pas d'écouter ſon eſprit. Que de chances pour être ridicule !

Après avoir découvert que Julie étoit immodeſte, on s'apperçoit qu'*elle fait à Saint-Preux des ſermons continuels qui ſont déplacés. Une femme coupable*, dit-on, *peut encore aimer la vertu, mais il ne lui eſt plus permis de la prêcher.* Oubliera-t-on toujours que c'eſt de Julie dont on parle ; ce qu'on blâme ici eſt un des plus beaux tours de force du génie, & peut-être ce qui met Rouſſeau au-deſſus de tous les romanciers. De tout temps les femmes n'ont jamais tant parlé vertu qu'au moment même où elles perdent ce qu'elles appellent la leur. En célébrant l'idole qu'elles viennent de briſer, elles s'imaginent lui rendre ſa premiere forme. Eh bien ! ce même moyen, auſſi uſé dans les romans que dans les boudoirs, Rouſſeau l'emploie d'une maniere ſi franche & ſi perſuaſive, il met la morale la plus pure dans la bouche d'une femme ſi ſupérieure à ſon ſexe, qu'il produit alors tout l'effet de la vertu en action. Le ſouvenir de ſa faute donne à Julie une éloquence douce & pénétrante que n'a jamais l'auſtere ſageſſe. C'eſt une de ces divinités qui deſcendoient jadis ſur la terre, partageoient les foibleſſes des mortels, & reprenoient tout leur éclat pour leur enſeigner la vertu. Saint-Preux même eſt preſque honteux d'avoir triomphé d'une femme ſi au-deſſus de lui. Il gémit, dans les intervalles de ſa paſſion, d'avoir rendu moins parfait l'objet qu'il a poſſédé ; mais bientôt il l'en admire davantage de ſe montrer ſi grande après avoir été ſi foible, & il met ſa gloire à imiter celle qu'il n'a point rougi de corrompre. Faut-il conteſter après cela à Julie le *droit de prêcher la vertu ?* Qui lui donneroit plus de charmes qu'elle ? je l'ignore, & je crois que ſi l'on n'accordoit qu'aux ſaintes le privilege de l'enſeigner, elle perdroit bientôt le peu de crédit qu'elle a. En général le faſte de ſévérité eſt toujours déplacé dans nos mœurs ; la vraie philoſophie la condamne. Elle ne fait plus dépendre l'honneur des femmes d'une ſurpriſe de ſens. Il eſt d'autres vertus pour elles que la ſotte privation des plaiſirs. L'humanité, la douceur, l'amitié, voilà tout ce qu'on admire en elles aujourd'hui, & un amant ne déshonore pas plus une femme de mérite, qu'un mauvais ouvrage ne corrige une femme auteur.

L'aimable Claire n'eſt pas épargnée dans ce terrible examen : on y articule que *ſes plaiſanteries manquent de goût & de grace, & qu'il faut, pour atteindre à la perfection de ce genre, avoir acquis à Paris cette eſpece d'inſtinct qui rejette tout ce que l'examen le plus fin condamneroit.* J'avoue que, juſqu'à préſent, j'avois trouvé du naturel dans le badinage de Claire, & même la grace de la ſimplicité, ce qui peut-être n'en eſt plus une ; mais je ne me ferois jamais imaginé que Rouſſeau eût dû étudier le ton qui regne à Paris *pour atteindre à la perfection de ce genre.* C'eſt apparemment notre illuſtre bonne compagnie que l'on déſigne ici pour modele. En ce cas je doute que Rouſſeau eût aſſez compris ſon jargon pour en traduire les beautés dans ſes ouvrages : il y eût vu la liberté de l'indécence, la gaîté de la cohue, des jeunes gens engoncés dans leur toilette, des femmes qui ont recours aux mines pour ſe faire entendre, & ſa modeſtie l'eût fait fuir tant d'agrémens. Mais ce même homme, qui eſt *ſi peu propre à écrire gaîment,* ne fait-il pas une ſatyre aſſez fine de nos mœurs dans le voyage de Saint Preux à Paris ? & le véritable ſel de l'eſprit dont ſa lettre eſt aſſaiſonnée, n'eſt-il pas un peu préférable à toutes les contorſions de la gaîté actuelle ? Je n'ose prononcer fur une queftion auffi embarraffante.

Enfin, on finit par admirer cette derniere lettre de Julie mourante, qui eft au-deffus même de l'admiration. Elle eft pourtant fort heureufe de mourir en chrétienne, car je doute que, fans cette formalité, on lui eût pardonné de faire à fon amant un adieu fi paffionné. Mais comment la converfion fubite de M. de Volmar a-t-elle pu échapper au zele de la panégyrifte ? En faveur de cette cure admirable, ne pouvoit-elle pas paffer à Julie *fon crime, fon immodeflie, & fes fermons déplacés ?* On ne peut qu'être étonné de fon filence à ce fujet. Mais eft-elle bien fûre elle-même d'avoir fait l'éloge de la nouvelle Héloïfe ? J'en doute. Elle a eu l'ambition d'avoir une façon de penfer fur un fi beau roman ; en conféquence elle s'eft débarraffée, fur le papier, de toutes les idées qui la tourmentoient ; elle y a joint le pathos que donne toujours un peu trop d'éducation, & du tout a fait un chapitre. Cela pouvoit être un éloge ; cela ne s'eft trouvé qu'un rêve ; voilà je crois comment cet accident eft arrivé.

TROISIÈME LETTRE.

Ce prétendu hommage à l'auteur d'Emile eſt préſenté à peu près dans la même forme que le précédent ; on y débute ainſi par l'admiration la plus fanatique, mais quand il s'agit de la motiver, on y met des modifications minutieuſes, on y joint des critiques étourdies & des comparaiſons choquantes. N'eſt-il pas ſingulier de voir une femme porter ſon foible regard à la hauteur d'Emile, & le juger avec l'aſſurance de la profondeur ? la lecture d'un ſi bel écrit n'étoit-elle pas déjà pour elle un fardeau aſſez embaraſſant ? quand Rouſſeau le compoſa, il prétendit que les enfans devinſſent des hommes & que les femmes fuſſent des nourrices, & il ne s'attendoit pas qu'un jour ſes ſublimes leçons feroient diſſéquées par une des berceuſes du genre humain. Il regardoit la ſanté des enfans comme le plus beau profit de la tendreſſe maternelle, & il la bornoit à ce bienfait ; il auroit donc condamné dans cette lettre juſqu'à l'enthouſiaſme qu'il inſpire, & il eût répondu : entendez - moi, ou ne me louez plus.

On y entre d'abord en matiere par un prin-cipe faux : *l'homme, dit-on, reçoit trois éduca-tions : celle de la nature, de son précepteur & du monde, & Rousseau a voulu confondre les deux premieres.* Il est prouvé que les trois quarts des hommes ne passent pas par l'éducation du pré-cepteur, & puis Rousseau lui-même n'est pas le précepteur d'Emile, il est son second pere ; la nature lui confie ses droits, il la remplace par l'attachement le plus tendre, & supplée à ce qui lui manque par une raison surnaturelle. Est-ce donc là un précepteur ? un de ces pédans domestiques qui vendent leur science à une famille, en la faisant haïr à leurs éleves, & l'Emile au contraire n'a-t-il pas aboli l'emploi de ces plats instituteurs ? après nous avoir as-sujetti à *ces trois éducations,* on regrette que *les femmes, s'élévant au-dessus de leur sort, n'osent prétendre à l'éducation des hommes.* Quel domm-mage que leur timidité les prive de tant de gloire ! & que de grands hommes se formeroient à leurs genoux en voyant la récompense si près du travail ! Je crois cependant que les progrès seroient un peu lents, que la morale, la po-litique & les beaux arts seroient un peu défi-gurés dans la bouche des femmes, & que nous aurions besoin de tout l'instinct de notre sexe

pour

pour corriger l'influence du leur ; ces doutes paroîtront peut-être bien coupables dans cette circonftance , mais en relifant la propofition on leur rendra plus de juftice , & la force du ridicule leur prêtera même un air de générofité.

On doit être auffi fort étonné de rencontrer le principe fuivant dans un commentaire fur Rouffeau : *il eft un genre d'expérience qu'on doit retarder le plus poffible , c'eft la connoiffance des vices des hommes.* Quand on croit dire une grande vérité, c'eft fans doute à fon fiecle qu'on en deftine le profit , & dans ce cas , je ne vois pas l'avantage que le nôtre pût tirer de celle-ci; quelle connoiffance eft plus utile au contraire que celle de tous les vices des hommes, quand on eft parvenu comme nous à les confondre avec nos ufages. Plus leur diverfité eft grande , plus leur diftinction eft importante. Rouffeau partageoit cette opinion avec tous les connoiffeurs du cœur humain, & il l'auroit fûrement développée s'il eût deftiné fon Emile aux orages du grand monde. Il lui donne l'expérience d'une vie active , il lui auroit donné cette vie parafite ; & le livrant aux enchantemens d'Armide, il lui auroit préfenté le miroir du chevalier Danois. N'offrir à la jeuneffe que le tableau févere des vertus des hommes, c'eſt s'impofer la loi d'y enchaîner fans ceſſe ſes regards, & la condamner au bonheur dans l'eſpace le plus reſſerré.

Mais quel charme une femme, bel-efprit, peut-elle goûter en nous expliquant l'Emile, puifqu'*elle ne fait pas fi elle fuivroit pour fon fils la méthode de Rouffeau, & qu'elle croit que fa vanité voudroit le former pour un état déterminé.* Rouffeau n'a-t-il pas là une grande profélyte ? elle a bien le courage d'exalter ſes préceptes, mais elle n'auroit pas celui de les ſuivre ; elle veut paroître paffionnée pour le plus beau de tous les fyſtêmes, & elle ne lui facrifieroit feulement pas fon ambition ; peut-être auffi veut-elle nous faire fentir le prix de ce dont elle s'éloigne, mais tant de recherche eſt inutile ; les productions de Rouffeau n'ont pas befoin d'ombres pour nous enchanter, & à l'aſpect de fon génie, l'éloge & la fatyre font confondus dans le néant.

Je crois que cette mere fi difficile n'eſt tentée de priver la gloire de Rouffeau de l'éducation de fon fils, que pour fe venger de ce que dans l'Emile, il ne met pas à l'éducation des femmes la même importance qu'à la nôtre ; elle lui paſſe bien de vouloir donner à l'homme toute fon

énergie, mais elle ne lui pardonne pas de vouloir fortifier la femme dans sa foiblesse ; *elle voit
d'abord la nécessité de leur inspirer des vertus que les
hommes n'ont pas.* Mais si Rousseau ne leur accorde pas tant de facultés qu'à nous, il n'attend
pas non plus d'elles les mêmes efforts ; il ne leur
demande que cette douceur qui calme seule nos
emportemens, cette patience qui ramene seule
notre constance, cette aimable ignorance qui
leur sauve tant de ridicules. Elle croit aussi *qu'une
grande force d'ame leur est nécessaire, dans un pays
où leurs passions & leur destinée sont en contraste,
où le sort leur impose souvent la loi de n'aimer
jamais, & où elles doivent accorder tous les droits
de l'amour & s'interdire tous les plaisirs du cœur.*
Mais si dans ce pays la force d'ame est si néces-
faire pour accorder leurs passions & leur destinée, comment en voit-on si peu souffrir de la
contrainte ? Si la force d'ame leur est si nécessaire
pour s'imposer la loi de n'aimer jamais, pourquoi
s'exposent-elles avec tant d'ardeur aux dangers
de la tentation ? Si enfin la force d'ame leur est
si nécessaire pour céder aux droits de l'amour
& s'interdire les plaisirs du cœur, comment voit-
on tant d'époux si indifférens & si peu d'amans
mécontens ? Ah ! dans ce pays, c'est plutôt la
retenue qui leur est nécessaire, ou du moins ce

refte de pudeur qu'on appelle myftere ; & qui rend leurs plaifirs plus vifs & leur honte moins célebre.

On fait enfuite à Rouffeau une critique qui porte avec elle toute l'injuftice de la légéreté ; on lui reproche d'avoir peint dans le fupplément d'Emile, *Sophie trahiffant fon époux, & d'avoir par-là condamné lui-même fon éducation*. Mais de qui Rouffeau a-t-il fait l'éducation ? C'eft d'Emile feul, je crois. Quel étoit fon but principal ? N'é-toit-ce pas de former fa jeuneffe à l'exercice de toutes les vertus, mais en même-temps de forti-fier fon ame à l'éprenve des plus grands mal-heurs ? Il devoit donc avilir Sophie pour mettre Emile au comble de l'infortune, livrer fon cœur aux coups du défefpoir, & lui rendre néceffaires les fecours de la raifon. C'eft dans ce fublime combat qu'on voit alternativement Emile en proie aux tranfports déchirans de l'amour trahi, & calmé par cette tendre indulgence qu'infpire encore le crime de l'objet aimé. Pour nous offrir un tableau fi touchant, Rouffeau ne pouvoit il pas fuppofer le déshonneur d'une femme, fans paroître un vifionnaire aux yeux même de ce fexe ? D'ailleurs cette fuite d'Emile n'eft qu'un fragment, & l'on entrevoit qu'il n'abaiffe un inftant Sophie que pour montrer Emile plus grand, qu'il vouloit la rendre un jour à la vertu en l'éloignant d'un monde corrompu, & la réunir à son époux par l'oubli d'une faute expiée. Une femme doit-elle perdre à jamais notre estime, pour avoir oublié un moment son cœur dans l'abandon de ses sens? Si la honte vient bientôt l'éclairer, n'est-elle pas encore digne de tous nos hommages? Et le sentiment de sa foiblesse ne lui donne - t - il pas alors plus de force sur elle-même que la confiance de la plus froide sagesse?

On ne s'attendoit pas, je crois, à entendre répéter en parlant d'Emile, *qu'on est frappé avec raison du mauvais goût que Rousseau se permet.* Il est vrai qu'on ajoute que *son style paroît constamment naturel,* ce qui détruit bientôt l'idée de ce blasphême. L'inconséquence a une grande propriété ; c'est que n'étant jamais pénétrée de ce qu'elle écrit, on trouve toujours dans l'incohérence de son langage, ou le contrepoids de sa critique, ou le correctif de ses louanges. Trouver que Rousseau *se permet du mauvais goût,* c'est s'en permettre sans s'en appercevoir : alors rien n'est étonnant, parce que tout est relatif ; la simplicité pure & majestueuse du style de Rousseau ne doit pas être sentie par une femme dont le style n'est que recherche & prétention, car si elle

le fentoit elle jetteroit vîte au feu tout fon ba-
vardage. Alors elle ne feroit plus elle ; elle effa-
ceroit fon ridicule, & parviendroit peut-être à
nous tromper. Nous préferve le ciel d'une pa-
reille révolution ! car aujourd'hui que le même
vernis colore les êtres les plus contraftans, il n'y
a plus que les ridicules qui les diftinguent.

Ces lettres étant confacrées aux découvertes
les plus fingulières, on nous y apprend *que Rouffeau croyoit à l'exiftence de Dieu par fon efprit &
par fon cœur.* D'un trait de plume, voilà Rouffeau
transformé en pere de l'églife ; mais heureufe-
ment la force de fes écrits lui en'eve une gloire
fi canonique. Sans doute il croyoit en Dieu par
fon cœur ; mais il lui falloit toute la fenfibilité
de ce cœur, pour que les lumieres de fon efprit
ne le convertiffent pas tout à fait. Souvent fon
efprit étoit frappé de doutes innombrables fur le
merveilleux de notre religion, & fes doutes ne
s'évanouïffoient que par la contemplation de la
nature entiere. Les actions des hommes & les
crimes des prêtres affoibliffoient fans ceffe le
fentiment de fa croyance ; & pour la conferver,
il fut contraint de la changer en aveuglement.

Mais fans doute le morceau le plus curieux de
tout l'ouvrage, eft celui que nous a attiré la profeffion de foi du vicaire favoyard. Jamais hom-

mage n'eut une forme plus infultante que celui qu'on rend ici à l'auteur de cet aveu fublime. On le loue d'abord *d'avoir été le feul homme de génie de fon temps, qui refpeêlât les pieufes penfées dont nous avons tant befoin ;* ce dont par bonheur il fe juftifie dans fa lettre à l'archevêque de Paris, où l'on voit la morale naturelle plaifanter finement la piété, fur tout le mal qu'elle fe donne pour être moins vraie qu'elle. Enfuite on prononce *que la profeffion de foi du vicaire favoyard étoit juftement admirée, comme une fuite de raifonnemens forts & profonds, qui formoient un enfemble d'opinion que l'on adoptoit avec tranfports, au milieu des égaremens des fanatiques & des athées.* Ce mot *étoit* ftupéfie le leêteur, avant même qu'il ait vu plus loin ce qui l'occafionne ; fon imagination s'exerce en vain à découvrir comment a pu déchoir aujourd'hui, ce qui encore hier étoit fi grand. Il rêve un moment que le ciel & la terre font réunis, & que le bonheur du genre humain rend inutile ce qu'a tracé le génie de Rouffeau ; mais en pourfuivant, l'illufion & l'étonnement fe diffipent bientôt, pour faire place à ce dégoût involontaire qu'amene la profondeur du ridicule. Je vais citer le paffage en entier, en l'offrant comme le chef-d'œuvre de l'engouement pédantefque. *La profeffion de foi du vicaire favoyard étoit juftement admirée, &c. mais cet ouvrage n'étoit que le précurfeur de ce livre, époque dans l'hiftoire des penfées, puifqu'il en a reculé l'empire ; de ce livre qui femble anticiper fur la vie à venir, en devinant les fecrets qui doivent un jour nous être dévoilés ; de ce livre que les hommes réunis pourroient préfenter à l'Être fuprême, comme le plus grand pas qu'ils ont fait vers lui ; de ce livre que le nom de fon auteur confacre en le mettant à l'abri du dédain de la médiocrité, puifque c'eft le plus grand adminiftrateur de fon fiecle, le génie le plus clair & le plus jufte, qui a demandé d'être écouté fur ce qu'on vouloit rejetter comme obfcur & comme vague ; de ce livre dont la fenfibilité majeftueufe & fublime peint l'auteur, aimant les hommes, comme l'ange gardien de la terre doit les chérir.* Cette fois-ci il faut néceffairement deviner celui que cette phrafe énorme accable de fon poids ; car pour l'achever, l'écrivain cruel avoue que c'eft fon pere. Il eft donc clair que le vainqueur de Rouffeau eft l'auteur de *l'Importance des opinions religieufes.* Jufqu'à préfent, il étoit permis d'abufer de la tendreffe filiale, quoiqu'il fût reçu d'en ufer fort fobrement ; mais n'eft-ce pas la livrer à la rifée publique, que de s'enfler foi-même dans l'adoration de fon fang, de voir de grands talens où il n'y a que de l'aftuce, & d'oppofer l'orgueil du déclamateur à la fimplicité du génie ? Car enfin., *ce livre, époque dans l'hiftoire des penfées,* ne fera point l'ere de la raifon pour la poftérité philofophe ; *ce livre, qui femble anticiper fur la vie à venir, en devinant les fecrets qui doivent un jour nous être dévoilés,* répand autant d'ennui fur la vie actuelle qu'il donne d'indifférence pour la fin du monde ; *ce livre, que les hommes réunis pourroient préfenter à l'Être fuprême, comme le plus grand pas qu'ils ont fait vers lui,* reftera fur la terre & chez le libraire , comme une de ces amplifications religieufes auxquelles Dieu nous expofe ; *ce livre, que le nom de fon auteur confacre en le mettant à l'abri du dédain de la médiocrité, puifque c'eft le plus grand adminiftrateur de fon fiecle, le génie le plus clair & le plus jufte,* n'eft ni par lui-même, ni par fon auteur, à l'abri du dédain de perfonne, parce qu'il n'exifte point aujourd'hui d'adminiftrateur qui en impofe, encore moins de génie clair & jufte, puifque les affaires ne fe débrouillent point , & que les injuftices fe fuccedent toujours. Enfin , *ce livre, dont la fenfibilité majeftueufe & fublime peint l'auteur aimant les hommes , comme l'ange gardien de la terre doit les chérir,* nous peint l'auteur aimant Dieu beaucoup plus que les hommes, & plutôt fait pour être un ange gardien que pour devenir un grand miniftre.

N'eſt-il pas fou d'imprimer que c'eſt de ce même livre dont le diſcours hardi du vicaire Savoyard n'eſt que le précurſeur, ce qui en fait une eſpece de préface, c'eſt-à-dire, ce qu'il y a de plus humble dans la littérature? Je ne vois même pas le rapport qu'il y a pour le fond entre ces deux ouvrages ; l'auteur de la profeſſion de foi, n'eſt pénétrée que de la religion naturelle ; l'auteur de l'Importance des opinions religieuſes : l'affoiblit par le chriſtianiſme : le premier eſt indifférent ſur tous les cultes, parce qu'il ne voit en eux, dans les différentes contrées de l'univers, qu'une police également utile, & qui contient chaqué peuple dans ſon devoir ; l'autre tient au ſien avec une chaleur aveugle, & lui aſſujétit la morale, qui parle plus clairement à l'homme que toutes les viſions céleſtes : l'un fuit le genre-humain ſur la hauteur des montagnes, & reconnoît Dieu dans la ſplendeur de la nature ; l'autre s'environne de prêtres & d'ornemens, pour ſe perſuader de ſon exiſtence : enfin, ce qui fixera à jamais ſur eux l'opinion de la poſtérité, c'eſt que l'Emile a été couronné par le feu du bourreau, & que l'Importance des opinions religieuſes a été flétrie par un prix académique.

Ici la docte chrétienne s'arrête, & demande

pardon à Rousseau d'avoir interrompu son éloge si à propos, pour s'abandonner à celui de son pere ; je l'imite, car je crains aussi d'avoir irrité ses mânes, en l'opposant à ce pere si chéri. Sa fille a beau nous assurer que Rousseau eût adoré celui qui sera un génie pour la postérité, comme il l'est pour son siecle ; que Rousseau eût eu besoin de louer celui *qu'elle aime tant de près, & qu'elle respecte si fort de loin* ; je doute que l'homme de génie eût jamais carressé l'homme d'état, & que la fiere tranquillité de l'un se fût sacrifiée à la sourde ambition de l'autre.

QUATRIEME LETTRE.

Rendons grace au style un peu abstrait des œuvres politiques de Rousseau, car c'est à lui à qui nous devons le peu d'étenduc de cette lettre. On a beaucoup loué Fontenelle, pour avoir mis à la portée de tout le monde, des ouvrages purement académiques ; mais on seroit tenté de l'en blâmer, si l'on réfléchissoit à tous les jargons que cela introduit dans le monde, à tous les jeunes gens que cela a fait discourir, & à toutes les femmes que cela a rendu insupportables. Rousseau a cru peut-être que la politique étoit susceptible du même danger, & dans ses plans majestueux de législation, il a voilé, pour la plupart des lecteurs, la profondeur de ses pensées ; il vouloit le bonheur du monde, jusques dans le silence de la société. Quoi qu'il en soit, le Contrat social éprouve ici un jugement très-modeste, & l'embarras du juge lui a donné une fois le ton qui lui convient. Mais on reprend bien vîte le ton décisif, dès qu'il ne s'agit plus que de rapprochemens & de comparaisons. On y blâme Rousseau d'exiger l'assemblée générale de tous les individus, pour constater leur liberté ; & on appelle cela *de l'enthousiasme de projet, & de l'exagération.* Mais il me semble que si la méfiance des peuples sur l'intégrité de leurs représentans, pouvoit les amener à cet accord unanime, seule base d'une liberté réelle, Rousseau n'auroit point passé les bornes du législateur, & seroit assez excusable d'avoir indiqué le bonheur du genre-humain. On le compare ensuite à Montesquieu, car la manie de comparer s'empare aujourd'hui de toutes les têtes, & cette derniere ressource de l'orateur est devenue la seule de nos petits écrivains. D'ailleurs ces deux hommes de génie n'ont que très-peu de rapport entre eux ; une paſſion républicaine anime tous les écrits de Rouſſeau ; un penchant monarchique perce dans ceux de Monteſquieu. Le Contrat ſocial étend la liberté de l’homme, par l’union de toute la terre ; l’Eſprit des loix la reſſerre dans le gouvernement d’un empire ; il étoit donc déplacé de faire la comparaiſon de deux écrivains, qu’il étoit plus aiſé de mettre en oppoſition.

Mais leur rapprochement n’a été conçu que pour les immoler tout deux *au plus grand ad-ministrateur de ſon ſiecle*, & c’eſt encore la tendreſſe filiale qui fait les frais du ſacrifice ; elle eſt pouſſée ici juſqu’au fanatiſme, car elle voit le prophete dans l’obſervateur, & le bien futur dans le mal préſent. *Qu’on place donc au-deſſus de l’ouvrage de Rouſſeau*, dit-elle, *celui de l’homme d’état, dont les obſervations auroient précédé les réſultats, & qui ſe livreroit moins en artiſte, à tracer le plan d’un édifice régulier, qu’en homme habile à réparer celui qu’il trouveroit conſtruit.* Ce grand homme d’état avoit donc prévu de tout temps le bien qu’il ſeroit obligé de faire à la France ? En ce cas, il l’a négligée bien long-temps, & il eſt comme ces médecins qui attendent que leur malade ſoit à l’agonie afin de déployer plus d'habileté : ce grand homme d'état , qui aime mieux réparer un mauvais édifice que d'en conftruire un plus durable , va donc bâtir une colonne inébranlable fur les fondations fragiles de fes prédéceffeurs ! en ce cas je fouhaite qu'il fe laiffe aider par les architectes de la nation , qui connoiffent mieux le terrein que ceux de Geneve , & qui ne travaillent point pour une gloire exclufive.

A la défaite du Contrat focial , la fille miniftérielle fait fuccéder une vifion ; elle s'exalte d'abord avec l'auteur des lettres fur la montagne , *qui lui fait voir la liberté fur le fommet des Alpes* ; puis elle s'arrête & dit : *maintenant un fentiment plus fort fufpend toutes mes idées : je crois au lieu de penfer ; j'adopte au lieu de réfléchir ; je vois le génie le plus étonnant , uni au cœur le plus pur & à l'ame la plus forte.* Il eft évident que c'eft encore le même grand homme , qui rend vifionnaire celle qu'il a créée , qui la fait croire , au lieu de la faire penfer , & adopter au lieu de réfléchir ; je conviens que c'eft un remede excellent pour fe faire des créatures aveugles , & il eft feulement fâcheux pour l'opérateur qu'il ne réuffiffe que dans fa famille.

Après la vifion arrive une convocation , *à la*

grande nation assemblée. On ne lui demande pas *ce sentiment aveugle dont on fait sa lumiere ;* mais on la prie de *ne pas se défier de la raison.* Quel bonheur qu'on n'exige pas de nous ce *senti-ment aveugle !* Pourroit-on refuser de s'y livrer après l'exemple de la femme illustre *qui en fait sa lumiere ?* Mais aussi il étoit inutile de nous engager *à ne pas nous défier de la raison,* car nous la cherchons, au contraire, & nous ne nous défions que de l'intrigue & de cette ambition in-satiable, qui ne voit souvent dans les besoins publics que l'occasion & les moyens de s'assouvir.

Ces écarts d'imaginations se terminent heu-reusement par un souhait aussi touchant que sin-cere : on desireroit que *Rousseau fût le témoin du spectacle imposant que va donner la France,* & on croit *que c'est-là que les hommes lui eusseut paru plus dignes d'estime.* Moi je crois que sa présence eût croisé beaucoup d'intérêts particu-liers qui s'agiteront sous le masque de l'intérêt général, & je doute qu'il eût plus estimé les hommes qu'avant cette assemblée. Il les auroit vu contraints de se réunir pour soutenir leurs droits de citoyens, & il n'auroit point confondu le patriotisme avec l'énergie de la nécessité. *Renais donc, ô Rousseau !* s'écrie-t-on avec solemnité , *& viens encourager celui que la France a nommé son ange tutélaire*. Je voudrois savoir quel est le quartier de Paris qu'on appelle la France ; tous ces mots d'*ange tutélaire*, *de génie*, *de sauveur*, ne sont à l'usage que de quelques journalistes, de quelques ex-jésuites, de quelques valets ministériels, qui vivent sûrement dans quelque coin écarté, car on se sert d'autres épithetes dans toutes les sociétés un peu sûres ; & puis un ange tutélaire a-t-il besoin d'encouragement ? Je pense , au contraire , qu'il est si ferme dans ses principes, & si entreprenant dans ses vues , qu'il seroit peut-être plus utile de le décourager.

CINQUIEME LETTRE.

Cette lettre surpasse encore la précédente pour la briéveté & pour le ton suffisant qu'on y prend. On y parle du Devin de Village , comme *d'une bagatelle qui annonce du talent pour la composition*, sans réfléchir dans quel temps Rousseau a composé cet opéra , qui aujourd'hui même, au récitatif près, est fort au-dessus de toutes nos rapsodies d'ancien chant. N'étoit-ce pas l'occasion

fion de rendre hommage à l'homme univerfel,
qui le premier nous a fait fentir le vice de notre
mufique, par le vice de notre langue, & qui a,
pour ainfi dire, invité la mufique italienne à
venir nous dégoûter de la nôtre. L'auteur du
dictionnaire & de la lettre fur la mufique n'an-
nonce-t-il que du talent pour la compofition ? Et
une femme qui fait à peine folfier quelques vers
à fa louange, doit-elle parler ainfi du plus har-
monieux de tous les arts ? Mais la mufique eft aujourd'hui un des champs de bataille du déraifon-
nement. Comme il ne faut que des oreilles pour
jouir de fes effets, & quelques mots du métier
pour avoir l'air connoiffeur, on entend differter
fur la mufique une foule de gens qui n'ont pas
la moindre idée de l'harmonie, encore moins ce
goût fin & fûr, charme ou défefpoir des oreilles
délicates, & qui n'éprouvent même pas le plaifir
qu'ils affichent, ni le mécontentement qu'ils affectent.

A l'appui de ces idées difcordantes, fur la
mufique de Rouffeau, arrive un petit traité des
fenfations qu'elle fait éprouver ; avec beaucoup
de prétention il eft difficile d'être plus abfurde.
Quel homme, s'écrie-t-on par exemple, *agité
par les paffions de la vie, peut entendre, fans*

D

émotion, *l'air qui dans son enfance animoit ses danses & ses jeux;* comme si les souvenirs de toute espece n'avoient pas la même puissance sur lui, & comme s'il étoit attaché une expression réelle aux rigaudons d'un enfant. *Quelle femme,* continue-t-on, *lorsque le temps a flétri sa beauté, peut écouter, sans verser des larmes, la romance que son amant chantoit jadis pour elle.* Comme si une femme s'appercevoit si aisément que le temps a flétri sa beauté, & comme si, lorsqu'elle s'en apperçoit, elle pouvoit pleurer sur autre chose. Mais jamais rien ne s'est imprimé de plus ridiculement faux que l'exclamation suivante. *Ah! le penchant au vice naît sans doute dans le cœur de l'homme, car toutes les sensations qu'il reçoit par les objets qui l'environnent, l'en éloignent;* ce ne font donc pas les sensations qui invitent à l'adultere, à l'inceste, au rapt, au viol? On avoit éprouvé le contraire jusqu'ici; mais, à la vérité, ce ne font là que des crimes, & nos vices étant d'une trempe plus froide, les sensations n'y entrent peut-être pour rien.

La botanique de Rousseau essuie des ménagemens inattendus de la part de la critique, & le charme qu'il a su répandre sur cette science du

folitaire , méritoit peut-être quelque nouvel outrage ; on le blâme bien un peu d'avoir pouffé
fon goût pour les plantes jufqu'à l'admiration ,
& d'avoir plus joui de leur afpect que de leur
utilité ; mais on lui pardonne d'avoir , après ces
longs malheurs , *revu de la pervenche* , avec les
tranfports les plus touchans. On trouve même dé-
cent que cette plante honorée de l'affection de
Rouffeau , lui rappelle fa maîtreffe , fa patrie ,
fa jeuneffe & fes amours. J'efpérois que ces fou-
venirs auroient paru un peu libres au même efprit
que l'immodeftie de Julie avoit frappé ; mais fi
je me fuis abufé , je crois en voir la caufe dans le
fexe de l'auteur. Dans une femme qui écrit , l'indulgence & la févérité font toujours une affaire
de circonftances , & la prude la plus rigoureufe a
des momens d'oubli où elle pardonne tout.

DERNIERE LETTRE.

Enfin me voici parvenu à ce prononcé ambigu sur le caractere de Rousseau. Ses ouvrages ont été jugés de maniere à ne pas nous faire prendre le change sur l'intention du juge ; il a si bien appuyé sur les critiques , & si mal composé ses éloges en leur donnant un air de charité , que peu de lecteurs ont été la dupe de l'enthousiasme qu'il affichoit ; sous un étalage amphigourique de grands mots , on a démêlé la femme maniérée qui veut paroître au-dessus de son sexe ; sous une rigueur affectée pour la foiblesse de Julie , on a vu une femme respectée , qui de dépit prétend passer pour sage ; & sous une grande indulgence , pour les jouissances du cœur , on a découvert une femme prudente qui ne veut décourager personne. Mais pour attaquer le personnel de Rousseau , on a été contraint d'employer un peu plus d'adresse , & on s'est trahi en gênant son allure , ce qui arrive presque toujours. On a ramassé tout le mal que les hommes ont dit de Rousseau , pour étaler impunément son opinion , & on a pris sa défense de maniere à le faire succomber sous l'attaque. Ce manege sourd pouvoit être dangereux pour la mémoire d'un autre homme que Rousseau , mais la pureté de son ame est aujourd'hui trop connue, pour qu'elle puisse être en bute au mépris de la postérité. Sa mort touchante, en calmant la fureur jalouse de ses ennemis , a éclairé sur la bassesse de leur haine ; ainsi, on se seroit épargné la peine de ressuciter de vieilles accusations, si on n'eût pas eu le dessein de nuire, & on auroit loué simplement la vertu d'un homme de génie , sans se permettre de la défendre.

Est-ce en effet annoncer une grande estime pour Rousseau , que de débuter par dire, *qu'on cherche à ne pas le trouver en contraste avec ses ouvrages , parce qu'on ne peut réunir le mépris à l'admiration.* Les contrastes qui nous frappent entre ses écrits & ses actions , ne devoient-ils pas naître des élans de son imagination , qui s'égaroit souvent , parce qu'elle n'eut jamais de limites, sans que l'admiration pour les uns, fût empoisonnée par le mépris pour les autres. Et puis quel blasphême , que de tracer le mot de mépris à coté du nom de Rousseau. Les efforts sublimes qu'il a fait dans ses confessions pour échapper à notre estime , nous permettent-ils d'être assez lâches pour la lui refuser. On ose dire aussi que *ces mêmes confessions, n'ont pas ce caractere d'élé-*

vation qu'on fouhaiteroit-à l'homme qui parle de lui-même. Peut-on étaler une plus fauffe dignité ? D'abord *ce caractere d'élévation* feroit déplacé dans une confeffion, qui ne doit être que fimple & vraie ; enfuite, la feule élévation réelle, celle des fentimens , fe trouve empreinte dans les confeffions de Rouffeau , & lui donne la force de facrifier la honte à la vérité. Il examine les fautes de fa jeuneffe avec une févérité fi touchante , qu'il ne refte plus coupable qu'à fes yeux ; il faut être femme pour ne pas trouver là de véritable grandeur , & celle qui croit en montrer ici , préfere fans doute à Rouffeau celui qui avoue fes vertus avec emphafe & convient noblement de tout le bien qu'il a fait.

On nous garantit que *Rouffeau n'étoit pas fou, mais qu'une faculté de lui-même, l'imagination étoit en démence.* Et puis pour varier, on ajoute, *qu'à force d'être fupérieur il étoit près d'être fou.* Quel jargon infignifiant ! Mais fuppofé que l'on fût exprimer fes idées, on fe trompera toujours fur Rouffeau, tant qu'on ne féparera point en lui, la logique faine de l'homme profond, & les difparates de l'homme exalté ; fes fophifmes font les diftractions du génie, & les confondre avec les grandes vérités qu'il enfeigne , c'eft n'avoir aucun tact ou vouloir être injufte. D'ailleurs s'aperçoit-on souvent dans ses œuvres que *son imagination étoit en démence ?* L'éloquence de la raison n'y est-elle pas plus féconde que celle du délire ? & pour parler le langage de la critique, Rousseau n'est-il pas trop souvent supérieur, pour être si près d'être fou ? Mais il est si commode de ne peindre un écrivain qu'à grands traits ! cela vous dispense de l'étudier, vous épargne les embarras du discernement, & aux yeux des sots, vous donne un air de supériorité.

On prétend aussi que *Rousseau étoit fait pour vivre avec un petit nombre de personnes d'un esprit borné, afin que rien n'ajoutât à son agitation intérieure,* comme si c'étoit l'esprit & l'étendue des connoissances qui l'effrayoient dans le commerce des hommes, lui qui a loué naïvement les grands écrivains de son temps, & qui auroit d'autant mieux habité avec eux, qu'il leur eût sans peine sacrifié sa gloire, que sa simplicité eût désarmé leur jalousie, & que sa vertu sans faste n'eût point effarouché leur foible morale : c'étoit des demi talens & des intrigans dont il redoutoit la société ; c'étoit la curiosité insultante des oisifs de tout genre qui l'aigrissoit contre l'espece humaine ; mais ce qui le rendit méfiant & sombre jusqu'à sa mort, ce sont les espions dont on l'environna pendant quelques années de fa vie ; il voyoit le genre humain dégradé, dans l'exiftence de ces êtres rampans, qui ne vivent que de ce qu'ils écoutent, & qui vendent la baffeffe qui les anime, à la baffeffe qui les emploie. On ajoute *que Rouffeau étoit bon, & que les inférieurs l'adoroient.* On ne peut que favoir gré à la critique de croire à la bonté de Rouffeau, mais qu'entend - elle par les *inférieurs qui l'adoroient.* Sont-ce des valets ? Rouffeau ne fouffrit jamais qu'un homme le devint pour lui. Sont-ce des payfans ? Ils étoient à fes yeux les rois de la terre. Il auroit été fort étonné qu'on fe fervît du mot inférieur pour claffer un individu ; il voyoit bien des efclaves & des maîtres, mais il ne croyoit pas les uns inférieurs aux autres, & dans l'amertume de fa mifanthropie, il méprifoit également ceux qui gouvernent & ceux qui fe laiffent gouverner.

Cependant après avoir fait un réfumé de quelques bonnes qualités de Rouffeau, on décide *qu'on ne peut pas dire pour cela qu'il étoit vertueux ; parce qu'il faut des actions & de la fuite dans ces actions, pour mériter cet éloge ;* qu'on doit être pénétrée de fa vertu, quand on immole ainfi celle de Rouffeau ! Mais il feroit pourtant plus prudent d'en pénétrer les autres, avant de fe montrer si rigide ; sans cette précaution , il est difficile de persuader que Rousseau n'étoit pas vertueux , & les lecteurs méfians sont toujours incrédules ; il faudroit aussi un peu mieux définir la vertu , avant de la refuser au meilleur des hommes ; ne la faire consister que dans une longue suite d'actions , c'est la confondre avec la gloire , & préférer l'activité de l'ambitieux à la tranquillité de l'homme de bien. Mais Rousseau plaçoit la vertu dans l'obscurité , & ne voyoit dans le bruit que de l'orgueil ; voilà sûrement ce qui lui enleve l'estime d'une femme célebre ; on n'admire aujourd'hui que les vertus qui se publient , & on ne fait nul cas de celles qui se suffisent.

On revient encore ici sur *le peu d'élévation de ses confessions* , & on avoue *qu'il y a des traits qui révoltent les ames nobles.* Pour calmer leur indignation , je voudrois que *ces ames nobles* , eussent un moment le courage d'écrire leurs confessions. Elles s'apercevroient alors combien l'homme repentant qui se rappelle avec fermeté jusqu'aux bassesses de son jeune âge , est au-dessus de l'homme vain qui oublie noblement les siennes. Si leur mémoire devenoit plus exacte , leurs aveux feroient pour le moins aussi révoltans que ceux de Rousseau , & l'humilité les rameneroit peut-être à l'indulgence ; mais *les ames nobles* ne perdent pas leur temps avec le repentir ; elles le regardent comme au-deſſous d'elles & mépriſent les petites ames qui ſe laiſſent toucher à ſa voix. L'interprete de *ces ames nobles* leur accorde encore *le droit de s'indigner de ce que Rouſſeau ſe croyoit le meilleur des hommes*, mais elle veut bien une fois en paſſant, ne pas participer à l'indignation générale ; elle convient que *ce mouvement orgueilleux ne l'a point éloigné de lui*, & elle en conclut que *Rouſſeau ſe ſentoit bon* ; ce qui eſt inconteſtable, car ſi Rouſſeau eût eu mauvaiſe opinion de lui, la concluſion auroit été qu'il ſe ſentoit méchant ; voilà ce qu'on appelle de grandes vérités ; celle-ci paroît d'abord un peu ingénue, mais le nom de l'écrivain ne permet pas long-temps cette idée, & rend à la penſée toute ſa profondeur. Tout en excuſant Rouſſeau *de s'être ſenti bon*, on laiſſe échapper des réflexions qui ne ſont ni naïves ni profondes. En voici quelques-unes : *l'élévation de l'ame eſt une qualité qu'une ſeule faute fait perdre*, c'eſt-à-dire qu'il faut être parfait pour conſerver à jamais une belle ame, ce qui eſt d'une morale bien douce & ſur-tout bien ſenſée. *Rouſſeau eſt peut-être le ſeul homme qui ait été bas par momens, car c'eſt de tous ces défauts le plus habituel,* ce qui eſt d'une grande juſteſſe touchant la vie entiere de Rouſſeau , qui dans ſa jeuneſſe paya ſa dette à la foibleſſe humaine , mais qui depuis l'âge de quarante ans déploya toute la dignité de l'homme ; n'eſt-ce pas prouver une grande con‑ noiſſance de Rouſſeau , que de voir en lui un penchant invincible à l'aviliſſement, & n'eſt-ce pas ſe montrer bien jaloux de ſa gloire , que de le préſenter tel aux lecteurs peu inſtruits , & de s'efforcer à tromper les autres , en s'efforçant de ſe tromper ſoi-même ?

On aſſure qu'*il ne devint le plus malheureux de tous les êtres, que lorſque cette cruelle folie de l'in‑ juſtice & de l'ingratitude des hommes l'eut ſaiſi ;* c'étoit en effet une grande folie à Rouſſeau, que de s'imaginer qu'on le perſécutoit, & qu'au lieu de bénir ſes écrits bienfaiſans, on les envenimoit pour détruire leur ſuccès. Quel homme de bien fut plus que lui méconnu par ſes ingrats con‑ temporains? Et ne pouvoit-il, ſans perdre la raiſon, ſentir toute l'amertune de ſon ſort? Son imagination groſſiſſoit quelquefois le mal qu'on vouloit lui faire ; mais il ne falloit pas cette illu‑ ſion de plus pour l'accabler, & la haine d'un ſeul homme l'affectoit autant qu'une conjuration générale. Quand on a la prétention de deviner tout ce qui s'agitoit dans la tête de Rouſſeau, on devroit peſer avec plus de juſteſſe tous les maux qu'il ſouffrit & tous les biens qu'il opéra ; on devroit ſe rappeller comme on abuſa de ſa déli-cateſſe & de ſa franchiſe, pour attaquer ſon cœur par les endroits les plus ſenſibles. Alors on n'appelleroit plus folie la méfiance que ſes vils ennemis lui avoient inſpirée pour la nature entiere, & on reſpecteroit le génie juſques dans les égaremens de ſa douleur.

Mais toutes ces ſuppoſitions de *folie, de baf-feſſe & de ſauvagerie* (car on a créé ce mot élégant pour mieux peindre Rouſſeau), n'ont été ima-ginées que pour amener une ſuppoſition encore plus groſſiere. On regarde comme certain qu'il s'eſt donné la mort, & on ſe pénetre de cette erreur avec une ſoumiſſion qu'on cherche en vain à communiquer au lecteur. Il falloit, pour accréditer ce ſuicide imaginaire, l'appuyer de circonſtances frappantes, ou lui donner au moins des cauſes innocentes, & c'eſt ce qu'on n'a pas même voulu faire. Quel bonheur que la calom-nie ſoit aujourd'hui ſi mal-adroite ! elle veut nuire, & ne ſait ſeulement pas ſe déguiſer ; elle eſt donc plus utile qne dangereuſe, car elle dé-goûte les gens d'eſprit d'avoir recours à elle. Par exemple, *eſt - il dangereux de dire que le déſeſpoir de Rouſſeau fut cauſé par ce découragement de vivre qui faifit tous les hommes ifolés ?* Non ; car tout le monde fait que la vie ne pouvoit lui être à charge qu'au milieu d'un monde corrompu , & que c'étoit dans la folitude qu'il fentoit renaître tout fon courage. Eft-il dangereux auffi d'infinuer *que Rouffeau étoit tourmenté de quelques remords, & qu'il avoit befoin de fe fentir aimé pour ne pas fe croire haïffable ?* Encore moins ; car il fuffit de lire Rouffeau, pour fentir que le remords étoit auffi loin de fon cœur qu'il étoit peu fait pour le troubler, & que s'il defiroit d'être aimé, ce n'étoit point *pour ne pas fe croire haïffable*, mais parce qu'il fe jugeoit digne de l'amitié des hommes, & que fa vertu fouffroit de fe voir réduite à l'inaction.

Mais ce font les circonftances dont on bâtit ce fuicide qui ont achevé d'en détruire l'idée; car leur fauffeté a été démontrée par une femme (1) qui fait montrer fon efprit, fans nuire à la pureté de fes fentimens, & qui a défendu les derniers jours de Rouffeau avec le zele & l'expreffion de la vérité. Dans une lettre à la favante accufatrice de ce grand homme, elle a prouvé que fa mort fut grande & naturelle, qu'il l'attendit fans impatience ni précaution, & que fon dernier foupir

____

(1) Madame la comteffe de Vaffi.

exprima les regrets de l'ami de la nature. Elle
a prouvé aussi que la grace qu'une femme sans
prétention conserve dans son style, mise en op-
position avec la vanité pédantesque d'une femme
écrivain, est la satyre la plus fine qu'on en puisse
faire.

Je termine donc ici l'analyse trop sérieuse d'un
ouvrage qui ne méritoit peut-être qu'un coup-
d'œil & une épigramme; mais ce qui a excité ma
paresse à sortir de ses bornes, c'est d'abord l'occasion de déployer toute ma passion pour Rousseau, & ensuite la platitude de quelques gens de
lettres qui n'ont pas rougi, dans cette même
occasion, de se laisser gagner par l'engouement
de la société : je n'ai jamais pu voir sans dépit
l'influence des gens du monde sur la littérature
moderne. Etrangers à tous les talens de l'écrivain, aux beautés du style, aux nuances imper-
ceptibles du bon goût, au précieux enchaînement des idées, en un mot à toutes les finesses
de l'art, ils veulent juger tout ce qu'ils lisent, &
croient entendre tout ce qu'ils jugent; insensibles
aux charmes de l'expression, la pensée brute est
tout ce qui les frappe, & cela seul les sépare à
jamais des gens de lettres; c'est parmi eux qu'ont
pris naissance ces êtres amphibies, connus sous
le nom d'amateurs, qui ont la manie & non le

goût des beaux arts, qui affectent de tout étudier pour avoir l'air de tout apprécier, & qui font réduits à protéger ce qu'ils font dans l'impuiſ-fance de créer. Enfans gâtés de la ſociété, ils y font ſouvent regardés comme des génies; mais ſi, par malheur, ils deſcendent dans l'arene littéraire, armés de quelques vers, ou de quel-ques lignes imprimées, ils font vaincus comme écrivains par les derniers des écrivaſſiers; penſer n'eſt pas un métier, mais écrire ce qu'on penſe en eſt un : voilà ce que les gens du monde n'entendront jamais. Les vrais littérateurs devroient donc ſe ſéparer à jamais de ces beaux eſprits mondains, & leur abandonner nos femmes let-trées comme les ſeuls rivaux dignes de leur colere.

F I N.